Maxi und Mori

für
Connie
und
Sarah

Ullrich Schäfers

Maxi und Mori

zwei auf der schiefen Bahn

Ein Memorandum für Eltern und andere Erzieher

mit Zeichnungen von
Renate Oeltzen
und
Cornelia Jansch
koloriert von
Ullrich Schäfers

Bibliografische Information Der Deutschen Bibliothek:
Die Deutsche Bibliothek verzeichnet diese Publikation in der
Deutschen Nationalbibliografie; detaillierte bibliografische Daten
sind im Internet über <http://dnb.ddb.de> abrufbar.

Herstellung und Verlag: Books on Demand GmbH, Norderstedt

Umschlaggestaltung, Satz und Layout: Ullrich Schäfers

ISBN: 978-3-8370-3938-2

Dieses Buch ist mit der ISBN überall im Buchhandel erhältlich
oder direkt beim Autor: Kontakt über www.ullrichschaefers.de

Es gibt Leute, die behaupten,
Kindererziehung sei einfach!
Schwer sei es nur,
das Ergebnis zu lieben.

Die Voraussetzungen

Ach, was muss man oft von alten
Leuten, die den Mund nicht halten,
hören von vergang'nen Jahren,
die doch soviel besser waren,

als der Zahn moderner Zeit,
in der Diebstahl, Mord und Streit
zum Alltäglichen gehören.
Das beginnt schon bei den Gören,
die verzogen und verlogen
Fäuste und auch Ellenbogen
ungeniert zum Einsatz bringen –
so um jeden Vorteil ringen.

Zwei, von denen wir berichten,
schaurig sind ihre Geschichten.
Maxi heißt der junge Mann,
war mit Mori ein Gespann.

Schon in frühen Kinderjahren
auffällig sie sich gebaren.
Pubertät und Flegeljahre
waren auch nicht grad' das Wahre.

Später taten sie dann halt
– wider jede Staatsgewalt –
wichtige Gesetze brechen.
Doch das Recht kam, sich zu rächen.

Beide fielen so am Ende
in des Staatsanwaltes Hände.
Und ein jeder kam als Gast
in 'nen Hochsicherheitsknast.

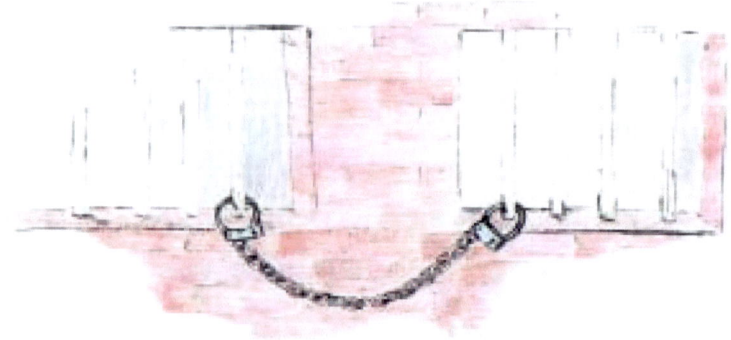

„Ach, wie konnt' es dazu kommen?"
fragt so mancher sich beklommen.
Und die Antwort ist hernieden
hier in Reimen aufgeschrieben.

Lest in Ruhe, ganz gemach,
alles jetzt der Reihe nach!

*Es gibt Leute, die behaupten,
Kinder seien nie problematisch.
Problematisch seien immer nur die Eltern.*

Von den Anfängen

Der Maxi und die Mori waren
sehr früh schon in den Flegeljahren.
Was and're sich mit zwölf erdacht,
ham diese schon mit sechs gemacht.
Beider Lieblingshobby war:
Unsinn treiben – ganz und gar.

Fanden sie im Angebot
frischen, weichen Hundekot.

Kam der – ach du meine Güte –
gleich in eine Brötchentüte.
Diese wurde ganz gepflegt
vor 'ner Haustür abgelegt
und sofort in Brand gesetzt.

Kam der Hausherr dann gewetzt,
öffnet schnell das Eingangstor,
wo die beiden kurz zuvor
an der Klingel Sturm geläutet,
was dem Hausherrn Schlimmes deutet.
Sah er dann – voller Entsetzen –
brennend diesen Tütenfetzen,
stampfte wie ein Bauernstoffel
äußerst fest mit dem Pantoffel

einen Fuß in diese Flammen,
tat ihn ganz beherzt reinrammen,
um die Flammen zu ersticken,
im Visier von beider Blicken.

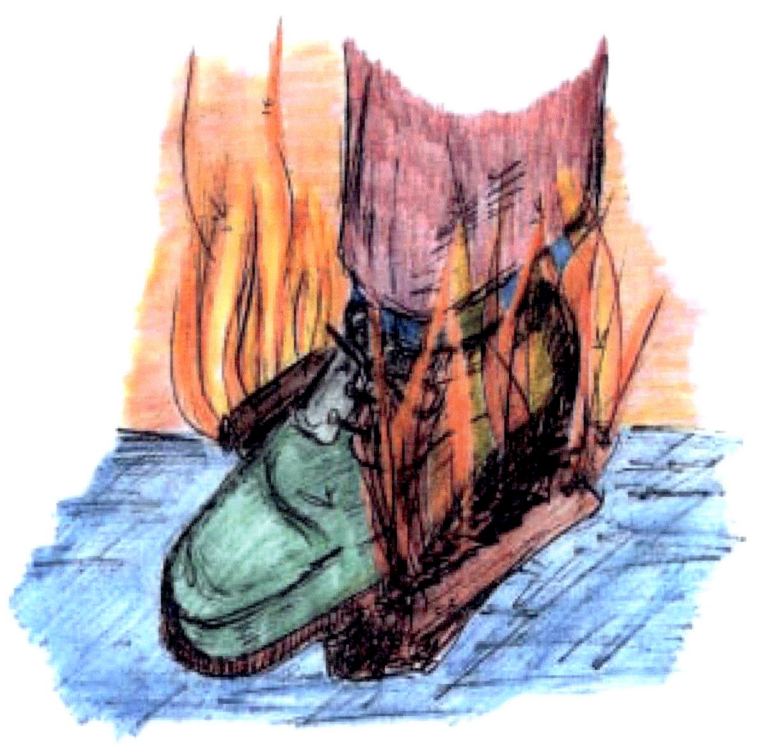

Doch zugleich, o jemine,
von der Hacke bis zum Zeh
und vom Zeh bis hin zur Hacke:
alles voller Hundekacke.

Und die beiden im Verstecke
kicherten hinter der Hecke.

Über den zum Spott gemachten
viele Tage sie noch lachten.
Dabei war der gute Mann
eigentlich noch harmlos dran.
Denn bei diesem Kotkredenzen
hielt der Schaden sich in Grenzen.
So kam er mit einem Schreck,
and're nicht so glimpflich weg.

Es gibt Leute, die behaupten, Kinder bräuchten mehr Vorbilder und weniger Kritiker.

Von den Fortschritten

Maxi und auch Mori hatten
früh schon einen 'großen Schatten'.
Grund für beinah jeden Streit
war ihr abgrundtiefer Neid.
Darum konnten uns're beiden
auch den Bauern Knoll nicht leiden.

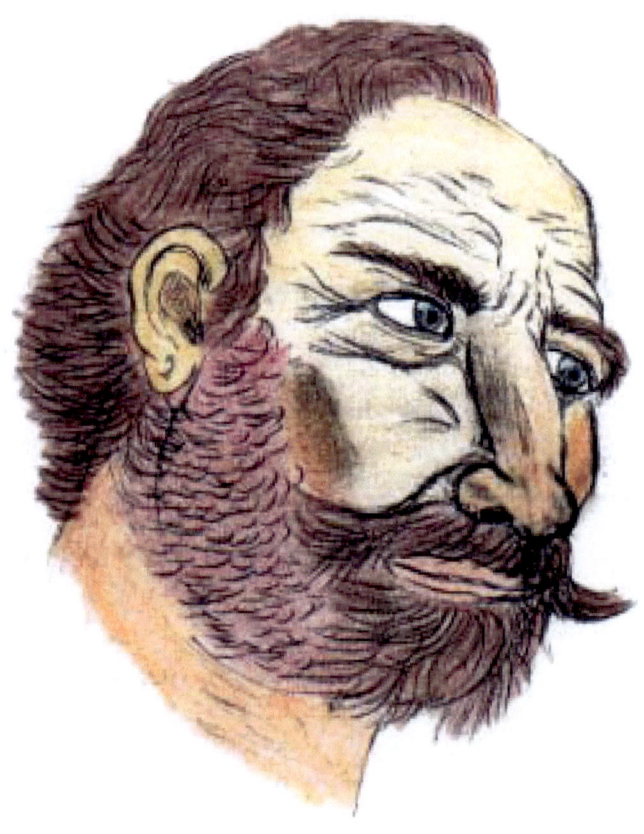

Der besaß unmengen Gelder
durch ganz viele Weizenfelder,
die er Jahr für Jahr bestellte.
Und auf seinem Hof, da bellte

ein sehr großer Hund als Wache.
Oft sah man auf seinem Dache

auch 'ne ziemlich schwarze Katze
mit nur einer weißen Tatze.

Um den Hof die Flegel strichen,
haben sich Vertrau'n erschlichen
bei dem schwarzen Katzenvieh
mit so manchem Leckerli.

Und so war es kein Problem,
dieses Tier mal mitzunehm'
auf das erntereife Land,
dort, wo das Getreide stand.

Und sie streicheln es mit Händen –
taten so das Tier verblenden.

Als die Katze richtig schnurrte,
Mori an dem Schwanz festzurrte
eine Schnur. An deren Ende
war'n befestigt, ganz behände,
mit Benzin getränkte Lappen
richtig echte – nicht Attrappen.

Als die Katze das entdeckt,
war sie äußerst stark erschreckt.
Doch bevor sie nahm Reißaus,
holte Maxi Feuer raus
und entzündete die Fetzen.

Sofort tat die Katze wetzen
durch die Felder von dem Knoll.
Und das war verhängnisvoll!
Binnen weniger Minuten
schlugen zu die Feuerfluten,
setzten so das ganze Land
und das Korn in hellen Brand,

denn Getreide, reife Ähren,
können sich bei Brand nicht wehren.

Dieser Streich war gar nicht komisch
und der Schaden astronomisch.
Auf der Suche nach dem Grund
fand man niemals 'nen Befund.

Von der Katze wird berichtet,
dass man sie nie mehr gesichtet.

Es gibt Leute, die behaupten,
Kinder gäben Erwachsenen einen ungeheuren
Kredit,
dass diese diesen aber oft ungeheuer
leicht verspielten.

Von guter Erziehung

Trotz der äußersten Bemühung
war'n Versuche der Erziehung
nur vom Misserfolg gekrönt.
Anfangs wurde dies beschönt.
Doch mit zunehmendem Leid
macht' sich die Erkenntnis breit,
denn dafür sprachen die Daten:
Diese beiden sind missraten!

Eltern, Pfarrer und auch Lehrer –
für sie wurd' es immer schwerer,
kamen nur mehr schlecht als recht
mit den beiden noch zurecht.

Wenn sie jemand wohl belehrte:
das war was, was sie nicht scherte.
Maßnahmen, die sie nicht trafen,
waren Bitten oder Strafen.

In der Schule sah das Graus
beispielhaft wie folgend aus:
Wenn sie kamen, kamen sie
pünktlich nach dem Lehrplan nie.

Oftmals blieben sie sehr gern
ganz dem Unterrichte fern.
Und zum Aufbau starker Fronten
störten sie, wo sie nur konnten.

Hausaufgaben – mit Bedacht –
haben sie auch nie gemacht.

In den Pausen jederzeit
waren sie zum Streit bereit,
prügelten sie stets zu zwein
manchen Schüler windelklein.

Kurz: Der ganze Schulbetrieb
war zerrüttet im Prinzip.
Das Erziehungspersonal
hatte deshalb keine Wahl.
Weil der ganze Laden litt,
gab es nur den einen Schritt:
Maxi und auch Mori flogen
von der Schul' im hohen Bogen.

Billigend nahm man in Kauf
den nun folgenden Verlauf,
denn durch diese Kündigung
stieg der Grad der Sündigung.
Den Gewinn von freier Zeit
nutzten sie vermaledeit
zum Ersinnen schlimmer Pläne.
Das war nun ihre Domäne.
Auf den nächsten Seiten steht
wie's mit beiden weitergeht.
Wer darum gleich blättert um
findet – nicht zum Gaudium –
weitere Extrembelege
für der beiden schlimmen Wege.

*Es gibt Leute, die behaupten,
Kinder seien für Verstehen dankbarer
als für Fürsorge.*

Vom reinen Wahnsinn

Kurz nachdem die Lehranstalt
kündigte den Aufenthalt,
wollten sie ganz hart sich rächen,
planten dazu ein Verbrechen,
das in seiner Scheußlichkeit
weder vor noch nach der Zeit
niemand vor- noch nachgemacht,
wegen seiner Niedertracht.

Es war g'rade Herbsteszeit,
wo im Lande weit und breit
Kinder auf den Wind vertrau'n
und 'nen schönen Drachen bau'n.

Maxi, Mori, mit den Fingern
gleich ein paar von diesen Dingern,
bauten flugs in Heimarbeit,
gingen damit auch zu zweit
vor das Tor der Lehranstalt
– einige war'n schön bemalt –
überzeugten Exkollegen,
mit auf's Feld sich zu bewegen,
wo die Winde kräftig weh'n
und auch hohe Masten steh'n,
die die dicken Drähte tragen
wo zehntausend Volt durchjagen.

Schnell beschloss man, dass der siegt,
dessen Drachen höher fliegt.

Und so kämpfte jedes Kind
mit dem Drachen und dem Wind,
ließ ihn hoch und höher kreisen,
um sein Können zu beweisen
mit dem Flieger aus Papier,
wurden übermütig schier.

Und so kam's, dass so ein Ding
in den Drähten sich verfing
und dass durch die Drachenschnur
sehr viel Strom zur Erde fuhr
und dem Kind am unt'ren Ende
sprang zunächst in seine Hände
und von dort in alle Glieder.

So stürzt es zur Erde nieder
im Gesicht und sonst knallrot
und war auf der Stelle tot.

Dass ein Plan dahintersteckt,
wurde niemals aufgedeckt.

Es gibt Leute, die behaupten,
die Früchte des Nachbarn seien immer die besten,
die besten Kinder seien aber immer die eigenen.

Von der Normalität

Maxis und Moris Kartell
war jetzt äußerst kriminell.
Um sie rum gab's vielfach Schaden,
oft in nicht geringen Graden.
Manchmal war's Zerstörungswut,
die sie überkam akut.
Manchmal war es sehr bedacht
und verflixt geschickt gemacht.
Mal 'nen Reifen plattgestochen,
Automaten aufgebrochen,

Schaufenster kurz eingeschmissen,
Schmuck und Uhren rausgerissen.
Meist im Schutz der Dunkelheit
trieben sie's mit Dreistigkeit.

Doch sogar an lichten Tagen
taten sie sich manches wagen.
Wenn ein Auto hoher Klasse
– gut gekleidet der Insasse –
vor 'ner roten Ampel stand,
trauten sie sich allerhand.

Mit dem Fuß trat ziemlich frech
Mori an das Autoblech.

Immer fester und solange
bis der Fahrer – gar nicht bange –
hastig, schnell und kurz entschlossen
aus dem Fahrzeug kam geschossen.
Wollt' das Treten unterbinden,
sich mit Beulen nicht abfinden.

Dann lief uns're Mori schnell
fort von der Gefahrenstell.
Lockt' damit den Fahrzeughalter,
wenn es war ein nicht zu alter,
denn das war des Tretens Zweck,
so von seinem Auto weg,
denn der wollt' die Göre fangen,
um sie rechtlich zu belangen.
Doch er ließ durch diesen Schrecken
– klar – den Wagenschlüssel stecken.

Jetzt kam Maxi auf den Plan,
nahm sich kurz des Autos an.
Fuhr den Schlitten ziemlich kühn,
denn die Ampel sprang auf grün,
hin zum vorbestimmten Ort.
Damit war das Auto fort.

Durch die Hilfe von 'nem Hehler
wurd' das Diebesgut der Stehler
schnell verschoben in den Osten.
Dort wird's irgendwann verrosten.

Dieses Beispiel steht für viele.
Moris und des Maxis Ziele
wurden ständig hochgeschraubt
und war'n immer unerlaubt.

*Es gibt Leute,die behaupten,
Kinder seien die wirklichen Lehrmeister
der Menschheit.*

Von den Konsequenzen

Durch des Lebenswandel Frucht
war'n sie ständig auf der Flucht.

Oft am Abend sie nicht wussten,
dass sie morgens weiter mussten
und am Morgen war nicht klar
wo ihr nächstes Lager war.

Doch ein großer Zufall wäre,
hätte nicht diese Karriere
auch so manchen Knick erlitten,
was nur Recht war – unbestritten.

Polizei und Staatsanwalt
konterten mit Staatsgewalt.

Trotz aller Gerissenheit
war'n sie nicht davor gefeit,
dass man sie auch mal erwischte
und 'ne Haftstrafe auftischte.

Und so kam es zu dem Joch,
dass man steckte sie ins Loch.

Dieses mussten sie in Jahren
mehrmals bitterlich erfahren.

Doch sie hatten sehr viel Geld.
Und weil Geld regiert die Welt,
holt' ein schlauer Rechtsverdreher
sie hier raus – zumeist schon eher.

Und so drang der Strafen Sinn
richtig nie zu ihnen hin.
Es blieb wie in Jugendjahren,
dass sie nicht belehrbar waren.
Jenseits jeder Redlichkeit
trieben sie's jedoch zu weit:
Größenwahn und Wut und Frust
bringt Realitätsverlust.
Und in dieser Art Verblendung
suchten sie ihre Vollendung
in dem allergrößten Ding,
an dem jetzt das Ganze hing.
Doch ihr Wunsch, in die Geschichte
einzugehen, wurd' zunichte
und mit Macht in einer Schlacht
ganz und gar kaputt gemacht.

Es gibt Leute, die behaupten,
Kinder seien früher t r o t z der
Erwachsenen groß geworden
und müssten heute m i t den
Erwachsenen groß werden.

Vom Höhepunkt

Und so planten sie astrein:
Überfall in Frankfurt/Main.

Mit vier Knarren, blitzeblank,
stürmten sie die Deutsche Bank.

„Hände hoch, Moneten her!"
Jede Hand hielt ein Gewehr.

Und mit drohender Gebärde
zwangen alle sie zur Erde,
schossen mehrmals in die Decke,
dass ein jeder sich erschrecke.

Nur ein Bänker blieb ganz cool
sitzen auf dem Schreibtischstuhl,
drückte blitzschnell den Alarm.
Das schlug Mori auf den Darm.

D'rum den Helden auf dem Sessel
band sie fest mit einer Fessel.
Während er sich gar nicht wehrte,
machte er ihr 'ne Offerte,
die mit Geld zu tuen hatte.
Das entlarvte ihn als Ratte.

Jedenfalls in Moris Augen
tat der Kerl zu gar nichts taugen.
Darum hat sie ihn alsbald
kurzentschlossen abgeknallt.

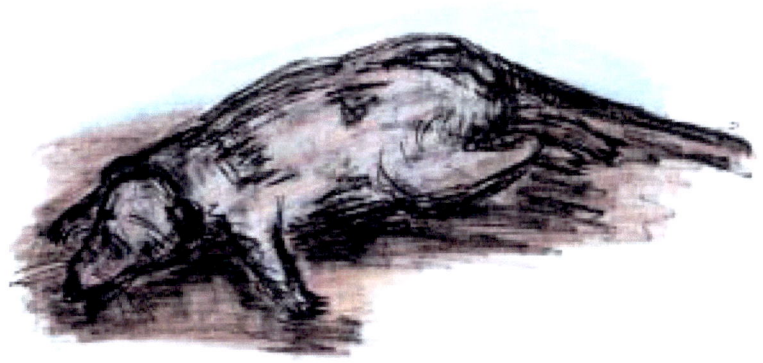

Maxi wurde bleich vor Schreck,
denn jetzt war der einz'ge weg,
der die Zahlenkombi kannte,
die man für den Safe verwandte.

Damit war auf einmal klar,
dass der Coup gescheitert war,
denn sie konnten auch inzwischen
aus der Bank nicht mehr entwischen.

Ausgelöst durch den Alarm
kam die Polizei im Schwarm.

Hat, zum Teil sogar beritten,
jeden Fluchtweg abgeschnitten.

Jetzt war'n alle Dämm' gebrochen,
und vom Hafer wie gestochen
schossen sie aus allen Rohren
auf die Menschen vor den Toren.

Doch die schossen scharf zurück.
Trafen auch, doch ach, zum Glück,
wurden beide so getroffen,
dass noch etwas blieb zum Hoffen.
Immerhin war man so nett,
brachte sie ins Lazarett.

*Es gibt Leute, die behaupten,
Kinder seien lebende Botschaften
für die Zukunft.*

Vom Ende

Und so kam's, wie's kommen muss.
Endlich war endgültig Schluss
mit dem kriminellen Treiben.
Mori und der Maxi bleiben
hinter dicken Mauern stecken,
wo sie ihre Wunden lecken,
bis ein ordentlich' Gericht
über sie ein Urteil spricht.
Später auf der Klagebank
hieß es deutlich: Lebenslang!

Und so können sie betrachten,
nach der Freiheit ewig schmachten,
ihre Taten hinter Gittern.
Draußen muss man nicht mehr zittern.

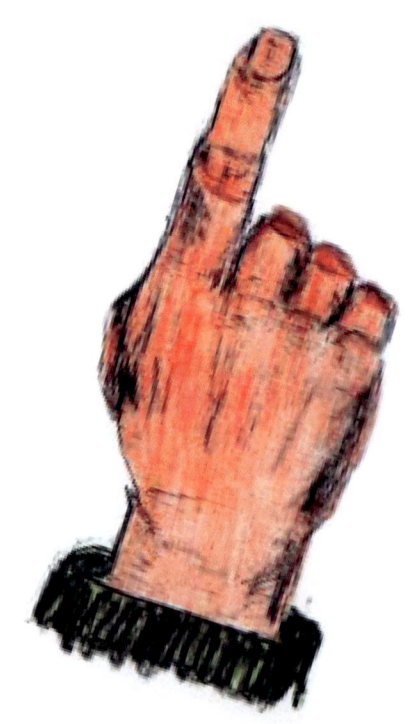

Die Moral von der Geschicht'
offenbart sich jedem nicht.
Darum: Wer's noch nicht erkannt
dem sei's ausdrücklich genannt:

Erstens muss man bei den Kindern
zuviel Freiheiten verhindern!

Zweitens – wer mit Strafen kommt
findet keine Einsicht prompt!

Drittens reicht es lange nicht,
wenn man mal mit Kindern spricht!

Man muss viertens obendrein
immer stets auch Vorbild sein!

Grad das letzte ist das schwerste.
Einfach ist auch nicht das erste.

Wenn Erziehung soll gelingen,
sollen Kinder Freude bringen,
soll'n sie sein so richtig hold
ganz genau, wie ihr sie wollt,
dann Erzieher – seht es ein –
müsst ihr selbst genau so sein.

Ist's jedoch bei euch perdu
nützt auch keine Liebesmüh'.

Man bekommt die gute Frucht
immer nur durch Eigenzucht.

– ENDE –